AF359996

APPLICATION

DE LA LOI

DES COMPENSATIONS.

PARIS. — IMPRIMERIE ET FONDERIE DE G. DOYEN,

RUE SAINT-JACQUES, N. 58.

APPLICATION

DE LA LOI

DES COMPENSATIONS

A LA RÉVOLUTION DE 1789,

A LA RESTAURATION DE 1814,

ET

A LA RÉVOLUTION DE 1830.

PAR H. AZAÏS.

Sincérité, Justice.

Paris,

CHEZ A. BOULLAND, LIBRAIRIE CENTRALE,

GALERIE NEUVE-D'ORLÉANS, N. 1.

1830.

PRÉFACE.

Sincérité, Justice.

L'homme sincère dit ce qu'il pense. L'homme juste apprécie avec équité la puissance des causes générales, l'influence des circonstances particulières, les intentions et les sentimens des hommes qui jouent un rôle sur la scène politique.

En publiant cet écrit, j'ai eu l'intention de faire un acte de justice et de sincérité.

Azaïs.

APPLICATION

DE LA LOI

DES COMPENSATIONS

A LA RÉVOLUTION DE 1789, A LA RESTAURATION
DE 1814, ET A LA RÉVOLUTION DE 1830.

———

Commençons par poser le principe de toute économie sociale ; c'est le seul moyen de pouvoir ensuite raisonner avec cette justesse qui doit être le guide de la justice et de la sincérité.

Tout Être vivant et sensible, tout Peuple, tout individu, marche dans la vie entre deux forces ou inclinations, l'une qui l'excite au développement, au progrès, l'autre qui l'invite à retenir, à modérer ce progrès, afin d'éviter le désordre vital qui naîtrait d'un développement trop rapide, afin d'ailleurs de conserver le plus long-temps possible l'existence.

Ces deux forces ou inclinations, étant opposées dans leur direction et leur caractère, ne peuvent se trouver entre elles que rarement et passagèrement au terme de l'égalité absolue ; alternativement l'une ou l'autre dominent. Quand cette alternative n'est exercée que par supériorité légère, tontôt de l'inclination expansive, tantôt de l'inclination modératrice, la vie est douce, calme, heureuse. C'est ainsi que, dans l'homme qui est en pleine santé, les pulsations du cœur, ou les alternatives de dilatation et de contraction, sont paisibles, régulières ; chacun de ces mouvemens est nécessaire : chacun s'exerce à son tour, sans trop de durée, ni trop de force. Mais si l'un ou l'autre se porte à un excès d'action, ou se prolonge outre mesure, le mouvement opposé, dont le retour est inévitable, se porte, ou du moins cherche à se porter à un excès égal de durée ou d'action.

L'homme alors n'est plus en santé ; il est en agitation, en convulsions, en *fièvre*. Dans les circonstances semblables, le Peuple n'est plus en paix, en harmonie : il est en *Révolution*.

Ainsi, dans la vie des peuples, comme dans la vie de l'individu, les deux forces opposées et nécessaires, la force de dilatation ou de progrès, et la force de contraction ou de conservation, se balancent sans cesse, travaillent sans cesse à se faire équilibre par voie de *compensations* réciproques ; il n'y a existence vitale qu'à cette condition. Mais ce balancement peut être doux et ondulatoire, ou bien, il peut être tranché, brusque, convulsif ; le premier alonge paisiblement la route de la vie ; le second précipite l'action vitale ; et, sur cette course hâtive , sème le désordre et la souffrance.

Le balancement par secousses résulte de toute cause qui porte à l'exagération l'une quelconque des deux forces. Et comme les idées, soit d'un homme, soit d'un peuple , sont ce qu'il y a de plus vivant, de plus actif, de plus important dans ce peuple ou dans cet homme, c'est surtout de l'état des idées, lorsqu'elles sont exagérées, que naissent les paroxismes d'agitation.

Ainsi, le Paganisme, système d'idées qui régnait, il y a vingt siècles, sur la partie civilisée du globe, et qui favorisait à l'excès les inclinations expansives , ayant provoqué la réaction du Christianisme , système d'idées modératrices à l'excès, le temps devait venir, chez les peuples chrétiens, où les besoins d'expansion, de dilatation, dans les mœurs et les idées, porteraient l'humanité aux mouvemens de l'impétuosité la plus orageuse. Luther et Calvin commencèrent, en Europe , ces mouvemens ; notre Révolution de 89 en fut le point de plus haute violence ; notre Révolution récente les consomme, les termine.

Allons nous donc retomber dans le système expansif jusqu'à l'excès , dans le système du Paganisme ? Ce serait inévitable, si la loi du balancement entre les vicissitudes qui naissent de

certaines causes accidentelles, de certaines circonstances, n'était pas elle-même subordonnée à
la loi plus générale du balancement entre les
divers âges de tout Être vivant. Je m'explique.

La vie est constituée de même dans tous les
Êtres qui la possèdent : dans les plantes, dans les
animaux, dans l'homme, dans les peuples. Une
durée beaucoup plus longue, et une étendue beaucoup plus vaste, sont tout ce qui distingue, sous
le rapport vital, chaque Peuple de chacun des
hommes qui le composent ; les conditions de leur
existence sont d'ailleurs d'une parfaite analogie.
Voici la principale de ces conditions :

La durée entière d'un Peuple, ainsi que d'un
homme, est enfermée dans la succession de deux
périodes : l'une de formation ou de jeunesse,
l'autre de dépérissement ou de vieillesse ; périodes
destinées, dans chaque Peuple, dans chaque
homme, à un balancement réciproque, et s'en-
chaînant, l'une à l'autre, par l'âge intermédiaire
de la maturité.

Les hommes, ainsi que les peuples, changent
progressivement d'inclinations, de besoins, de
mœurs, à mesure qu'ils s'avancent vers l'âge de
maturité, et qu'ensuite ils le dépassent ; leurs habitudes, leurs idées générales, les mœurs, les
institutions qui découlent de leurs idées générales,
sont toujours en rapport immédiat et nécessaire

avec les penchants, avec le caractère de l'âge auquel ils sont parvenus.

Cette concordance, fruit de la loi d'harmonie qui régit l'univers, est la seule base sûre et ferme que l'esprit de l'homme puisse donner à sa prévoyance, lorsqu'il veut découvrir, par anticipation, non les circonstances accidentelles qui peuvent porter de légères perturbations à la situation politique d'un peuple, mais la marche générale de ses vœux, de son tempérament, de ses institutions.

Les divers âges de chaque peuple, ainsi que de chaque individu, se balancent de la manière suivante : pendant la jeunesse, prépondérance des inclinations expansives; pendant la vieillesse, prépondérance des inclinations conservatrices; pendant l'âge mur, ou de transition, égalité approximative des deux genres d'inclination.

Pour les peuples, la Monarchie représentative est la forme politique qui combine selon une égalité approximative l'action de la force qui porte vers le progrès, et l'action de la force qui modère le progrès. C'est donc la forme politique qui convient aux peuples parvenus à l'âge de maturité ; avant cet âge on ne pourrait l'établir.

Vers le milieu du dernier siècle, à l'époque illustrée par Jean-Jacques Rousseau, par Montesquieu, par Buffon, par Voltaire, le Peuple Français entrait dans l'âge mur; car sa raison se formait, ses lumières prenaient à la fois, par le progrès des sciences, de la précision et de l'étendue; il commençait à réclamer la liberté d'opinion, et ses mœurs préparaient l'égalité politique, car elles mettaient en rapports d'agrément ou d'utilité réciproque toutes les classes de la société.

Mais ce double penchant de la liberté d'opinion et de l'égalité politique éprouva la résistance des habitudes sociales imprimées par la domination longue et profonde du Christianisme, domination à laquelle s'était liée celle des habitudes féodales nées, un peu plus tard que le Christianisme, des mouvemens de la conquête. L'esprit de liberté intellectuelle et d'égalité politique fut donc contraint de se replier sur lui-même, de se condenser, de se porter au besoin d'une explosion violente. Elle se fit en 1789, et, conformément à la loi de toute force accumulée, elle dépassa la mesure des effets que l'esprit de liberté et d'égalité était chargé de produire; elle fit beaucoup plus que ne demandaient les penchants d'un peuple parvenu à l'âge de maturité; au lieu d'une Monarchie représentative, elle lui donna une Démocratie impétueuse, qui, en peu d'instants, dévora tous ses contrepoids; le désordre fut extrême; par réaction contre ses causes immédiates, la France se soumit avec précipitation, avec reconnaissance, à une dictature ferme, absolue, qui se hâta de prendre les formes monarchiques, afin de répondre de suite au besoin le plus général et le plus pressant.

Pour atteindre son but, le Dictateur avait eu besoin d'une mesure immense d'activité et de génie ; avec un tel caractère on est despote ; et nul homme, dans le succès, ne dépose son caractère. Passionné à la fois pour la raison et le pouvoir, pour l'instruction et pour la gloire, Napoléon courut après la gloire d'être le Dictateur de son siècle, en imposant de force, à tous les peuples de l'Europe, la raison et les lumières du Peuple Français.

Une telle précipitation, une telle exigence, si généreuse, mais si indiscrète, amenèrent une réaction de toute l'Europe, et contre la France, et contre la raison des Français ; l'une et l'autre furent refoulées par une coalition violente ; le catholicisme et la féodalité rentrèrent en France avec les droits apparents de puissances victorieuses, et la faiblesse réelle d'idées surannées, voulant commander à des idées jeunes, vraies, passagèrement victimes de leurs propres excès.

Toute notre agitation depuis quinze ans s'explique par cette position fausse : d'une part, la grande majorité des Français émancipée par la volonté, comme l'est tout homme parvenu à l'âge de maturité ; mais cette majorité sous le joug d'une réaction provoquée par l'exaltation de la liberté et les divagations de l'intelligence ; en regard et en lutte, une très-petite minorité de Français, restés en arrière des progrès de l'esprit humain, mais cette minorité sur le trône, ou du moins obsédant le trône, car Louis XVIII, homme de son siècle, faisait disparate avec les hommes qui l'environnaient, et avec le caractère du mouvement qui avait rétabli son autorité. En réalité, le Comte d'Artois était l'homme de ce mouvement, le véritable Roi de la Restauration, car il avait des intentions estimables ; mais, ne comprenant pas la Révolution, manquant de lumières pour la juger, pour la distinguer des actes féroces ou insensés auxquels la résistance l'avait portée, il n'avait pour elle que des sentiments d'effroi ou de haine ; il s'imposait le devoir de l'étouffer, et pour cela de remettre, autant qu'il lui serait possible, en honneur et en puissance, les idées, les habitudes, les institutions que la Révolution avait écrasées ; il ne se doutait pas que sa tentative ressemblait à celle de l'homme qui, au lieu d'encaisser le fleuve dont il craindrait les ravages, et de lui ménager entre ses deux rives un écoulement rapide, chercherait à construire une digue sur son passage ; le fleuve, accumulé et irrité par l'obstacle même, renverserait la digue et submergerait les ouvriers.

Louis XVIII avait très-bien vu cette nécessité de sa situation politique ; ce qui le démontre, c'est le choix des hommes à qui il donna sa confiance : M. Decazes, M. Lainé, M. Deserre, M. Molé. Ces hommes prévoyants et éclairés, bien loin de barrer le passage au mouvement des esprits, se mettaient latéralement en défense contre son impétuosité tumultueuse ; ils voulaient laisser au temps le soin d'en écouler, d'en épuiser la surabondance.

Mais, pour réussir dans ce plan de sagesse, de fermeté, de patience ; pour arriver sans secousses au moment où le peuple Français, rentré paisiblement dans les limites des idées et des besoins de son âge, serait devenu susceptible d'une véritable constitution représentative, il aurait fallu que ce même Prince, dont les vues étaient signalées par les opinions et le caractère de ses ministres, se réservât temporairement la dictature, car un peuple agité est hors d'état de se constituer sagement lui-même. Louis XVIII crut devoir s'interdire l'usage du pouvoir dominateur, et cela sans doute, parceque, âgé, infirme, ne comptant plus sur de longues années, il tremblait de laisser une autorité sans contrôle à son frère, dont il connaissait mieux que personne les idées et les penchants. Le Comte d'Artois, dictateur à la mort de Louis XVIII, aurait fait rapidement et sans obstacles ce qu'il n'a pu faire qu'à l'aide du temps, et à travers bien des difficultés ; des le premier mois de son règne, il aurait appelé l'orage qui vient de le foudroyer.

Louis XVIII se vit donc obligé d'imposer d'avance à son successeur le frein d'une constitution écrite, et, en rédigeant cette constitution, d'avoir égard aux circonstances du moment, circonstances nées, toutes, d'impulsions violentes, désastreuses, par conséquent toutes discordantes entr'elles, et toutes pleines d'exigence. De là un fonds de liberté dans les bases de la Charte, et un fond de despotime, de féodalité, de catholicisme dans bien des articles; de là surtout cette anomalie choquante d'un droit électoral concentré dans une très-petite fraction du peuple, produisant une représentation étranglée, fausse, en dehors de laquelle restait la très-grande majorité de la nation.

Cet édifice incohérent se serait cependant étayé, amélioré; il aurait fini par recevoir, à l'aide de l'expérience, une construction stable et régulière, si Louis XVIII, secondé par les hommes sages qui l'environnaient, avait pu appeler sur eux et sur lui-même la confiance populaire. Mais, malgré tous ses efforts, toute son adresse, toute sa patience, il ne put y parvenir. Lié par les événemens qui avaient rétabli son pouvoir, aux hommes de l'émigration et du sacerdoce, contraint d'accorder quelque chose aux droits qu'ils tenaient des services qu'ils lui avaient rendus, et qu'ils faisaient valoir avec d'autant plus d'assurance que l'héritier

présomptif de la couronne partageait leurs idées,
appuyait leurs réclamations, Louis XVIII consentit
à plus d'un acte funeste, spécialement à l'invasion
des missionnaires, dont l'influence subite fut de
rendre à la fois odieuses et ridicules la Religion et
la Restauration.

Dès ce moment, la Royauté des Bourbons per-
dit avec rapidité les deux premiers appuis de toute
autorité sur la terre : l'estime et l'affection du peuple; il fallut suppléer à ces appuis par la censure
des journaux, par l'action de la police, en un mot
par des mesures de trempe arbitraire, despotique,
en contraste avec nos mœurs, et ne pouvant, avec
les meilleures intentions, être exercées sans vexa-
tions, sans caprices, sans injustices.

La haine contre le Roi en fut augmentée. Vaine-
ment on divulgua l'existence et l'influence d'un
gouvernement occulte, d'un gouvernement rétrograde, imposant ses lois au Chef de l'État, ayant
lui-même pour chef le Comte d'Artois. De deux
choses l'une, répondait le peuple : ou le Roi se
soumet et ordonne à ses ministres de se soumettre,
et alors il n'y a, dans le Gouvernement, que lâ-
cheté et impuissance; ou bien, Louis XVIII pense
comme son frère; il n'a que l'hypocrisie du bon
sens et du patriotisme, c'est dans le fond de l'ame
un Tartufe et un Tyran.

Cet odieux et absurde jugement fut bientôt le

plus répandu, parceque les accusations les plus exagérées sont le soulagement des ames pénétrées de haine; rien ne put les. éclairer ni les adoucir, pas même la haine non moins passionnée , non moins injuste, des mécontens féodaux et sacerdotaux. Ceux-ci exhalèrent leurs sentimens , non-seulement par les paroles les plus outrageantes, mais par les actes les plus menaçans : une demi-bombe, placée et allumée jusque dans le cabinet du Prince, lui signifia que, s'il persistait à jouer le rôle de conciliateur, on placerait sous son trône une bombe entière.

Quel homme encore accessible à la raison n'eût pas été désarmé par une telle démonstration de rage? Mais non! dans les temps de convulsions politiques, la raison est importune; elle impatiente, elle irrite même; qu'espère-t-elle en parlant justice, modération, à des hommes qui, de part et d'autre, sont enflammés de ressentiment et de colère? Si elle est assez franche, assez courageuse pour insister, elle ne fera qu'attirer sur elle le feu des deux armées.

Tel fut, à cette époque, et le sort des Écrivains judicieux, impartiaux, désintéressés, et le sort du Gouvernement; les premiers furent immolés par les journaux des deux partis: le Gouvernement succomba sous une coalition monstrueuse : un Ministère présidé par l'homme le plus estimé de

l'Europe entière , par le Duc de Richelieu , et com-
posé des hommes les plus éclairés, les plus sages,
de MM. Deserre , Pasquier, Lainé, Molé, Siméon,
Mounier, fut renversé par une phalange formée des
Manuel et des Labourdonnaie , des absolutistes libéraux et des absolutistes monarchiques.

Un tel acte de passion et d'imprudence entraî-
na son effet nécessaire. La France passa sous le
joug des absolutistes religieux? Dans l'état des esprits ne fallait-il pas que le Roi choisît entre cet
excès déplorable et l'anarchie ? qu'attendre de
royalistes qui dévouaient aux coups des libéraux
M. de Richelieu, et de libéraux qui dévouaient
M. Siméon , M. Molé, M. Deserre, aux coups des
royalistes?

Les absolutistes religieux, les Jésuites, seule
faction qui, à cette époque, fût unie et véhémente,
parce qu'elle avait un dogme pour lien et pour
principe, avait de plus par adepte l'héritier du trône;
elle était, par conséquent, intéressée au maintien
de la Royauté existante. Comme, d'ailleurs, elle
n'était composée que d'un très-petit nombre d'hommes, et que, parmi eux, il n'en était pas, il ne
pouvait en être, qui eussent du talent parlemen-
taire et de l'habileté politique, Louis XVIII , en ac-
ceptant son appui, espéra la dissoudre , et par l'action du temps, et par l'adresse d'un Ministre plein
de finesse, de capacité et de prévoyance. Telle fut

je n'en doute point, la mission de M. de Villèle: nul homme, à coup sûr, n'avait plus de haine et de mépris pour les Jésuites; mais nul homme ne savait mieux attendre et dissimuler.

Et de quoi s'agissait-il, en effet, si ce n'est d'attendre la chute naturelle d'une puissance débile et absurde, qui, pour perdre tout crédit sur l'opinion, n'avait besoin que d'être libre quelques momens, de montrer sa faiblesse et son absurdité?

Mais les peuples avancés en civilisation sont incapables de patience; tout ce qui est antipathique à leurs idées acquises et fixées doit tomber sur-le-champ, bien moins encore parce qu'ils le redoutent que parce qu'ils le haïssent. M. de Villèle, qui connaissait cette disposition du cœur humain, et qui en prévoyait les suites, pressait, suppliait Charles X de retirer toute influence politique aux Jésuites. Ne l'obtenant pas, il avait la généreuse discrétion de ne pas divulguer l'inutilité de ses tentatives, et de paraître avoir toléré, approuvé même, les fautes qu'il n'avait pu empêcher. Sur lui, comme sur le bouc émissaire, tombaient les malédictions des hommes passionnés, les préventions des hommes aveugles; et bien des ambitieux très-clairvoyants, qui étaient loin de partager ces préventions, les caressaient, les exaltaient, comme très-utiles à leur fortune.

C'était principalement sur le terrain des élections

qu'ils établissaient leurs batteries. Je crois l'avoir
démontré ailleurs (Principes de morale et de Politique). Tout système politique, qui n'est pas complet, est une source nécessaire d'agitations plus ou
moins violentes. Par système complet, dans un
être vivant de nature quelconque, il faut entendre
celui qui met en exercice et en balancement réciproque toutes les parties de cet être. Un homme,
naturellement fort et bien constitué, qui n'accor-
derait un exercice vif et soutenu qu'aux organes
situés dans sa région moyenne, dans sa poitrine,
appellerait l'inflammation dans ces organes, et jet-
terait tous les autres dans le marasme. Chez tout
peuple civilisé, la classe moyenne est cette région
du cœur et des poumons, où s'opèrent naturellement les pulsations vitales de la plus forte étendue; y concentrer l'action politique, ou du moins
la prépondérance trop marquée de cette action, c'est, par l'exaltation de la chaleur qui en
émane, troubler l'équilibre de toutes les fonc-
tions.

La loi électorale de 1817, n'étant donc qu'un
moyen prononcé d'exaltation politique, ne pouvait qu'entraîner des secousses, exposer à des ca-
tastrophes. Les deux partis s'acharnaient également
à en saisir l'influence; les électeurs n'étant partout
qu'en très-petit nombre, les libéraux travaillaient
à les enflammer; les Ministres à les intimider, à les

corrompre. De quelque côté que fût le triomphe , l'ordre public devait périr.

Le parti ministériel, vainqueur en 1824, commença par se diviser en fractions inconciliables, et bientôt, en 1827, il fut abattu par une réaction violente, qui conféra à son administration le titre de *déplorable* : titre mérité, non par elle, mais par la nécessité où elle s'était trouvée, pour arracher l'élection aux emportements de la Démocratie, de la livrer aux embrassements des jésuites et des intrigants de cour.

Crise importante, dont il importe de bien apprécier le dénouement.

Un nouveau Ministère se compose : Caractères et principes semblables à ceux des Richelieu, des Lainé, des excellents Ministres de Louis XVIII. En formant ce Ministère , Charles X a fait un acte de raison qui apaise l'irritation publique. Mais il faut être conséquent ; il faut couronner cet acte ; il faut du moins le développer ; et Charles X, par erreur de conscience, résiste encore. Au moment de signer, le 16 juin, l'abandon des jésuites, son cœur saigne, sa main tremble. Il signe cependant : l'homme le plus conciliant , le plus persuasif, l'y entraîne ; dès ce moment, la France rentre dans le calme, et montre une satisfaction générale.

Quelle expérience ! trois mois après, Charles X

en fait une autre encore plus touchante. Précédé de son Ministre pacificateur, de M. de Martignac, il va parcourir les provinces d'Alsace et de Lorraine : partout des hommages, de l'affection, de la reconnaissance ! Quelle leçon pour un Roi qui, depuis bien des années, n'osait plus se montrer au balcon des Tuileries ; qui, traversant les rues de Paris, n'était jamais accueilli que par un morne silence ! Quelle ame généreuse n'aurait pas été éclairée par un tel contraste ! et l'ame de Charles X était naturellement si généreuse !... mais le dogme, le dogme !... Pour les esprits faibles et sans lumières ce n'est pas un Maître bienveillant qui ménage son esclave, c'est un Tyran qui l'écrase.

Oh ! que de combats, de vicissitudes déchirantes dans l'ame de ce malheureux Monarque ! — Venez, M. de Martignac ; je vous écoute : vous me dites, vous me démontrez même, ce me semble, que si je fais tel sacrifice, mon peuple me bénira, m'aimera ; il sera heureux et tranquille. Eh bien ! je vais le faire ; il me sera si doux d'être aimé, d'être béni, de verser autour de moi le bonheur et la concorde !... — Arrête misérable, me dit une voix sacrée ! tu veux être aimé, béni ! et tu veux que Dieu te maudisse, que l'enfer te reçoive ! Eh quoi ! ton peuple impie ne marche-t-il pas assez vite à sa damnation éternelle ? veux-tu encore précipiter sa course ? Et que répondras-tu à ses rugissements, lorsqu'il t'accusera de ses crimes et de sa destinée? lorsque, condamné toi-même à des supplices sans fin et sans mesure, tu rugiras avec lui !...

Quittons ces images horribles. Mais n'oublions pas que, dans l'ame de Charles X et de tout catholique sincère, elles ont l'affreuse puissance d'une invincible vérité.

D'ailleurs, les anxiétés cruelles de Charles X, l'inconstance, les vicissitudes fatales de ses résolutions, avaient encore une autre cause. Il ne craignait pas seulement sa damnation éternelle si, pour des considérations terrestres, il abandonnait les intérêts de la religion : comme Roi encore, comme personnage politique, il craignait, sur la Terre même, le sort du malheureux Louis XVI. Hors d'état d'apprécier, ni la différence des temps, ni les causes réelles de nos anciens désastres, il tremblait de faire une concession aux droits du peuple, aux représentations de la raison. Chacune de ces concessions lui semblait un pas vers l'échafaud.

C'est ainsi que, dans une ame naturellement étrangère à tout besoin de tyrannie, se confondaient néanmoins deux impulsions éminemment tyranniques, celle qui naissait des habitudes de la Monarchie absolue, et celle qui naissait des injonctions du dogme catholique.

Soyons justes d'ailleurs, et n'évitons jamais d'exposer les grands corollaires de la Loi éternelle, de la Loi de balancement universel. Le dogme catholique a versé d'immenses bienfaits sur le genre humain : à côté de cette idée abominable, de cet enfer creusé par le Dieu de la fureur et des vengeances, il a placé de célestes motifs de consolation, de résignation dans la peine ; il a fait Vincent de Paule et ses sœurs hospitalières ; seul il a produit des héros de bonté, des miracles de charité : c'est pour cela que, dans les temps simples, il a passionné tant d'ames fortes, et que, dans les temps de lumières, il a passionné encore tant d'ames simples. C'est pour cela que ces ames simples gémissent aujourd'hui si amèrement sur sa chute, et sont si excusables de vouloir la détourner. Mais tout dogme qui tombe avait fondé des intérêts humains qui lui survivent, et qui, pour des motifs moins honorables que le sentiment religieux, cependant très-naturels encore, s'efforcent de le soutenir. Ces intérêts humains joignent les résistances sèches et hautaines de l'égoïsme aux résistances pieuses de la foi sincère. Autour de Charles X, si vrai dans sa croyance, que d'hommes ne tenant avec une opiniâtreté factice qu'aux bénéfices terrestres de cette croyance même ! Ce sont de tels hommes surtout qui irritent la raison dans sa marche ; ce sont eux surtout qui font qu'un dogme, à l'époque de sa chute, n'entraîne plus que des secousses et des malheurs.

Passons maintenant aux causes immédiates de notre Révolution dernière; et ici, comme dans ce qui précède, soyons justes, sincères; ce sont les deux devoirs de l'homme qui ne songe à servir que les intérêts de la vérité.

Pendant la première année du Ministère Martignac tout marcha dans un sens loyal et pacifique; les lois présentées, adoptées, réparaient les atteintes portées, les années précédentes, à l'esprit de la Révolution; elles étaient accueillies par l'opinion avec satisfaction et reconnaissance. Malheureusement ôn se pressa surtout d'affranchir la loi électorale des entraves que les Ministres précédents avaient mises à son exercice : l'intention était bonne en principe; mais lorsqu'une loi est, par elle-même, beaucoup trop favorable à l'expansion sociale, lorsque, de plus, l'autorité supérieure est déjà très-affaiblie, dégager cette loi de ce qui la gêne, c'est faire ce que l'on peut appeler une imprudence légale; c'est, par esprit constitutionnel, compromettre la paix de la société.

L'inquiétude fut réveillée à la cour par les renouvellements successifs de la Chambre des députés; la plupart des hommes qui furent envoyés en remplacement de ceux qui étaient morts, ou qui avaient donné leur démission, étaient des sectateurs prononcés de ce mouvement progressif, que les hommes sensés appellent l'une des deux forces sociales, que la cour appelait l'action funeste, que les jésuites appelaient l'action impie, diabolique, révolutionnaire. Dès ce moment, on dut prévoir que le Roi reviendrait, par frayeur de naufrage, et encore plus par remords de conscience, sur ses engagements, sur ses concessions. Les journaux royalistes ne laissèrent d'ailleurs aucun doute sur les dispositions des hommes qui, dans ce parti, avaient de l'influence. Une nouvelle crise était donc inévitable; et celle-là ne pouvait être que très-violente et définitive; car, amenée par l'exécution franche et vraie de la Charte, ou du moins de sa principale Loi organique, elle ne pouvait aboutir qu'au renversement du trône de Charles X ou au renversement de cette loi.

Charles X ne pouvant cesser de craindre la Révolution qu'il ne comprenait pas, ni délaisser les intérêts, sacrés pour lui, de la Religion catholique, ne pouvant en un mot changer ni de caractère, ni de croyance, changea de Ministère. Il donna, au Ministère nouveau, deux chefs, l'un, M. de Polignac, absolutiste religieux, l'autre, M. de la Bourdonnaie, absolutiste politique; l'un, chargé de défendre la Religion contre les incrédules, l'autre, de défendre le trône contre les révolutionnaires. Le Roi eut la simplicité de croire que ces deux hommes pourraient se concerter, parce que trône et autel, comme on disait autour de lui, avaient toujours les mêmes bases; mais de ces deux hommes, le plus exclusif, le plus opiniâtre, ne pouvait être que l'homme dogmatique, et Charles X, indépendamment de toute sympathie particulière, devait encore écouter l'homme dogmatique avec plus de complaisance, parce que son salut éternel lui était encore plus cher que sa couronne, parce que d'ailleurs un défenseur zélé de la religion pouvait être en même temps un excellent soutien de la Monarchie, tandis qu'un Philosophe, un incrédule, tout défenseur zélé qu'il pouvait être de la Monarchie, ne pouvait être un soutien de la Religion.

M. de la Bourdonnaie fut donc bientôt rejeté comme un homme incomplet par ses opinions et embarrassant par son caractère.

Il semblait que, dès ce moment, la marche du pouvoir allait être décidément tracée sur la ligne de la contre-révolution féodale et sacerdotale, et que, par conséquent, les tentatives les plus insensées allaient amener de désastreux bouleversements. Ces appréhensions sinistres étaient cependant affaiblies, dans l'esprit de l'homme impartial, par plusieurs considérations. En premier lieu, les ordonnances du 16 juin n'étaient pas rapportées, et les partisans des jésuites se plaignaient, murmuraient. En second lieu, dans la composition toute hétérogène du Ministère, il se trouvait¹ plusieurs hommes d'un caractère modéré : M. d'Haussez, M. de Courvoisier, M. de Montbel, M. de Chabrol. Il était naturel de penser qu'en les appelant au partage de l'autorité, on avait eu l'intention d'affaiblir les défiances, et de faire espérer une conciliation entre les diverses nuances d'opinions monarchiques. De plus, les journaux de l'opposition tenant un langage d'exigence absolue, répudiant avec anathème tous les moyens termes, ne permettant au Ministère aucune transaction, c'était un motif de croire que, par cet esprit de contradiction ou d'indépendance qui est naturel à l'homme dans toutes les positions, les Ministres s'arrêteraient à un plan conciliateur, et rejeteraient tous les moyens extrêmes.

Comme citoyen et comme observateur, je désirai savoir à quoi m'en tenir. M de Montbel était mon compatriote ; j'avais connu son père ; je lui demandai un entretien ; il m'en accorda plusieurs d'une longue étendue ; je lui confiai mes craintes avec franchise ; je lui exposai mes idées ; je les développai dans leur application à notre situation critique ; je fus écouté avec beaucoup d'attention, manifestement approuvé dans mes vues, et autorisé à rédiger un mémoire où je les résumerais avec précision. J'écrivis ce mémoire, je le portai à M. de

Montbel, qui le reçut comme il m'avait donné le droit de m'y attendre; j'en avais fait une copie que j'allai présenter à M. d'Haussez avec qui un homme qu'il estimait beaucoup m'avait mis en relations. M. d'Haussez m'écouta également avec tous les signes de la persuasion; et, à notre second entretien, me fit entendre qu'il avait remis mon Mémoire à un homme qui en partageait les idées, et qui jouissait d'uné grande influence.

Encouragé par cet accueil de deux hommes qui, du moins, étaient placés de manière à connaître ce qui pouvait être tenté, et ce que l'on serait heureux d'obtenir, je crus plus utile encore d'adresser au public mes pensées; je les livrai à l'impression sous le titre de *Principes de morale et de politique*. Cet ouvrage n'était d'ailleurs que le développement de la partie politique de mon Explication universelle. Dans mon jardin, tous les ans, je présentais ce même developpement à mes auditeurs qui s'en montraient satisfaits de la manière la plus prononcée; je demandais alors ce que je demande encore, ce que je demanderai toujours : la *Représentation intégrale*, comme pouvant seule mettre toutes les forces de la société en action et en équilibre. Mais ce que je n'avais pu dire encore dans mes conférences publiques, parceque le temps n'en était pas venu, c'est qu'un peuple ne sort jamais des situations violentes par les voies ordinaires; que les Lois fausses sont surtout ce qui les conduit aux situations violentes; qu'une Loi est éminemment fausse lorsqu'elle a favorisé outre mesure l'une quelconque des deux forces sociales; qu'ayant conféré à une certaine classe de citoyens une prépondérance éxagérée, on ne peut attendre que ces citoyens se dépouillent eux-même de l'avantage qu'ils en ont tiré, et qu'ils concourent à la détruire; que le coup destiné à l'arracher du code social doit partir, non des citoyens de la classe opposée, parceque ceux-là agiraient avec irritation et dépasseraient le but, mais de la puissance qui embrasse toutes le forces, de la puissance nationale convoquée, consultée par le Chef de l'État; que telle était, dans la circonstance, la mission de ce Chef existant, reconnu, ayant le titre de Roi; qu'il devait en appeler *dictatorialement* au peuple entier, et non à une fraction du peuple; que, dans l'état des choses et des esprits, cette action dictatoriale était devenue pressante, rigoureusement nécessaire, tellement inévitable, que si elle n'était exercée par le Roi contre le vice radical de la Charte, elle serait exercée par la nécessité sous forme de bouleversement et de catastrophe.

Les dernières lignes de mon écrit étaient: la *Dictature du Gouvernement, dans un autre but que d'établir la Représentation intégrale, n'aurait que la durée d'une tempête.*

C'est ce dont j'avais convaincu deux Ministres, et bientot j'eus lieu de m'assurer que cette conviction salutaire s'était étendue.

Ayant encore gagné la confiance du Ministre de l'instruction publique, et cela toujours par une exposition franche de nos dangers et de nos besoins; ayant reçu de lui-même l'invitation d'aller causer fréquemment avec lui, il me montra un jour (c'était vers le commencement du mois de mai) le Plan d'organisation électorale qu'il avait rédigé par commission du conseil des Ministres. Ce Plan détaillé, précédé d'un préambule très-sage, se bornait d'abord à faire descendre le droit électoral jusqu'à la contribution foncière de 5o francs. Je représentai que c'était encore violer le principe, et par conséquent en répudier les bienfaits; que tout citoyen domicilié, payant un impôt quelconque, était essentiellement membre du corps social, et, à ce titre, appelé à exercer l'action politique fondamentale; que, dans la Monarchie représentative, la prérogative du peuple, qui est d'être intégralement représenté, ne pouvait pas plus être violée, mutilée, que la prérogative du Monarque, qui est de gouverner selon les lois; que, pour prévenir, dans l'exercice de la prérogative populaire, le tumulte, le désordre, les choix funestes à la paix sociale, il suffisait d'instituer deux degrés d'élection, et de faire recueillir à domicile, par les Ma-

gistrats civils ou judiciaires, les votes prépara-
toires, les votes destinés à former les colléges
d'électeurs, que l'on organiserait ainsi le droit
électoral, mais sans le limiter : attention qui dé-
vait être scrupuleuse ; car limiter un droit en
économie sociale, ce n'est jamais que fonder une
tyrannie.

M. de Guernon-Ranville se rendit à mes rai-
sons ; il retrancha de son projet la condition de
5o francs, et consacra le principe de la Représentation intégrale.

Cette grande et libérale institution, proposée
d'abord aux chambres législatives, et, si elles la
repoussaient, établie d'autorité par le Gouvernement, aurait eu, pour effet immédiat, de le popu-
lariser, de le lier à la cause désormais invincible
de la Révolution, de terminer la Révolution par
l'action libre et judicieuse de la Royauté, ce qui
l'aurait à jamais affermie.

Sans doute, avant de présenter aux chambres
un plan quelconque de conciliation, il fallait com-
mencer par rappeler au Gouvernement des hommes d'une renommée conciliante ; mais, à l'époque
dont je parle, un tel espoir était encore donné de
temps à autre ; M. de Martignac, disait-on, était
gracieusement reçu du Roi en public, et en obte-
nait d'assez longues audiences particulières. Le
Roi s'entretenait aussi avec M. de Villèle, objet,

il est vrai, de bien des préventions encore, qui n'en était pas moins, en réalité, un homme de transaction et de conciliation.

Mais c'était surtout par des institutions franchement libérales, franchement populaires, telles que la Représentation intégrale, qu'il fallait ramener vers le trône la confiance populaire : seulement il fallait accompagner l'établissement de cette grande institution d'une mesure temporaire, exigée, en ce moment, par l'état des esprits.

Les journaux de l'opposition frappaient avec beaucoup trop de force et de continuité des coups qui, cependant, avaient un fonds de justice ; il fallait leur donner des *Modérateurs*, c'est-à-dire attacher à chacun de ces journaux un écrivain, libéral de principes, modéré de caractère, chargé d'affaiblir les préventions, de dissiper les alarmes, en démontrant, dans les journaux mêmes qui les excitaient, que ces alarmes étaient exagérées, le plus souvent chimériques ; que la liberté, étant désormais passée universellement dans les mœurs et les habitudes, ne pouvait plus être enlevée ; que les résistances qui lui étaient opposées n'étaient plus que celles d'opinions défaillantes, hors d'état de reprendre du concert, de la vigueur, et méritant encore des égards, par leur antiquité, par les bienfaits qu'elles avaient répandus, par leur état même de faiblesse et de décrépitude.

Presque tous les Français , aurais-je dit dans le journal que l'on m'aurait ouvert , presque tous les Français, à la cour, comme à la ville, comme dans les campagnes , sont libéraux d'opinion , puisque , si l'on excepte un très - petit nombre d'hommes qui, sincèrement, n'estiment encore que les idées anciennes, les formes anciennes, et ont des mœurs recueillies , conséquentes à leurs regrets, les mœurs générales sont franches, expansives, libérales, portent vers le mouvement, vers la société, vers le plaisir, puisque , d'ailleurs, les distinctions de classe sont effacées, et qu'il n'y a plus, entre les hommes de toute fortune, que des relations faciles, qu'une douce et décente familiarité. Presque tous les Français marchent donc par opinion, par inclination, et désormais par habitude, vers le but essentiel de la Révolution , qui est l'affermissement de la liberté et de l'égalité politiques. Mais, entre tous les Français, il n'y a pas, il n'y aura jamais identité de situation et de caractère. Les uns ardents, impétueux, et quelques-uns, parmi eux, dans une situation difficile , veulent que le but essentiel de la Révolution soit emporté d'assaut; ils excitent le peuple à ne garder ni ménagement ni prudence. D'autres, retenus par leurs réflexions, par leurs habitudes, par leurs souvenirs , et aussi par les circonstances de leur position , demandent que l'on ne s'avance qu'avec mesure; quelques-uns même invitent à la lenteur. Toutes les fois que les premiers pressent le mouvement d'une manière indiscrète, les seconds, non-seulement se raidissent pour affaiblir l'entraînement, mais ils se jettent en arrière; ce mouvement rétrograde n'est point d'ailleurs un acte de choix et d'intention; c'est un acte de résistance à l'excès du mouvement progressif.

Si la persistance dans le mouvement rétrograde était possible, ce mouvement serait nécessaire, car une telle persistance démontrerait que le mouvement rétrograde est conforme aux dispositions générales. Mais, dans la nature, tous les êtres vivants, peuples et individus, marchent essentiellement en avant... vers quoi? vers le terme de la vie. L'impétuosité progressive n'est donc qu'une manière éclatante de périr. Ainsi, modérer l'action de la vie, ce n'est pas reculer; ce n'est pas même s'arrêter; c'est marcher avec sagesse; c'est prolonger l'existence.

Tels devoient être, dans ma pensée, les principes politiques des écrivains chargés de retenir, dans les journaux, les impulsions inconsidérées; et ces principes, je les avais déjà exposés dans mon Explication universelle, dans mes conférences publiques; mes auditeurs, ainsi que mes lecteurs, avaient toujours applaudi à mes idées et à mes intentions.

Je dois maintenant ajouter que ces mêmes idées, je les résumai dans des *Lettres au Roi*, que je fis imprimer, et que j'adressai à Charles X, avec une lettre manuscrite d'une pleine franchise. Ce prince les reçut de la main de M. le duc de Duras, les lut avec attention, intérêt, et chargea M. le duc de Duras de me l'écrire. Pouvais-je, d'après cela, juger Charles X entièrement inaccessible à la raison et à la prudence ? N'y avait-il pas de temps à autre, dans ses croyances dogmatiques, des momens, je ne dis pas de relâchement, de tolérance, mais d'absence, de sommeil ? Etait-il impossible de saisir un de ces heureux momens pour le lier par des actes de sagesse sur lesquels il ne pût revenir ? C'était difficile sans doute ; M. de Martignac y avait échoué ; mais ne valait-il pas mieux le tenter encore que de persister à dessein dans les voies les plus périlleuses ?

Un jour que je présentais ces considérations à M. de Guernon-Ranville, et, qu'à leur occasion, je discutais l'idée des Modérateurs à donner aux journaux, ce Ministre m'assura qu'il m'avait devancé ; que, dès son entrée au conseil, il avait appelé l'attention de ses collégues sur une idée semblable, et qu'il espérait la faire adopter.

D'après de telles communications, qui n'aurait pas espéré que l'orage qui nous menaçait serait détourné ? Jusques au 25 juillet j'ai conservé cette espérance ; le 24 encore elle était confirmée par les lettres de convocation adressées aux Pairs, aux Députés, ainsi que par les bruits qui se répandaient d'après les insinuations du journal (l'*Universel*), confident des principaux ministres.

Mais le 25 juillet, quelle surprise, ou plutôt quel coup de foudre ! au lieu de la représentation intégrale , une concentration du droit électoral dans la classe opulente de la société ! Au lieu de journaux, libres de tout dire, soumis seulement à recevoir les représentations de la prudence, les journaux brutalement supprimés ! et, pour combler la mesure, au lieu de la liberté de conscience, si impérieusement exigée par l'opinion générale, l'épouvantail du jésuitisme relevé, MM. Franchet et Delavau ramenés !

D'où sont partis de tels actes de délire ! sans doute d'une démence imposée ! Par qui? On n'en peut douter, par un Roi sans cesse obsédé de terreurs politiques et religieuses, à demi aveugle, et s'étant placé sous la direction, ou plutôt sous le joug d'une *congrégation* d'hommes d'une cécité complète.

Mais pourquoi ceux des ministres qui n'appartenaient pas à cette congrégation absurde ont-ils cédé à ses injonctions? Est-ce dans l'espoir d'adoucir au moins l'exécution des mesures les plus désastreuses? Est-ce dans la certitude que, s'ils se retiraient, la congrégation elle-même envahirait subitement tout le Ministère? Charles X leur avait-il signifié sa volonté en homme poussé aux résolutions les plus invincibles, les plus désespérées, par deux effroyables terreurs, celle de l'échafaud où périt son frère, et celle de l'enfer? L'avenir révélera quelle fut, en ce moment fatal, la situation d'esprit de l'un des hommes les plus faibles d'esprit qui ait porté la couronne. En attendant, il n'est que trop facile de comprendre les suites de tant d'imprévoyance.

Paris était couvert de combustibles. Le Gouvernement, au lieu de les disperser, les rassemble, les entasse, y met le feu. Subitement, des milliers d'imprimeurs sont privés de tout moyen d'existence ; et ce sont précisément les imprimeurs des journaux ; ils font à tous les ouvriers de la capitale l'appel de la colère ; en quelques heures s'unissent, s'entendent, s'échauffent, quarante mille hommes habitués aux travaux les plus rudes, sachant manier les outils les plus meurtriers, et, par leur position sociale, par le genre de leur éducation, ne tenant point compte de la vie. Que leur opposerez-vous au milieu d'une population immense, qui approuve leur irritation, qui enflamme leur courage? Contre trois cent mille hommes passionnés, avez-vous rassemblé d'avance trois cent mille soldats fidèles? Ignorez-vous que, depuis un an surtout, les journaux qui vous condamnent sont lus dans les casernes comme dans les ateliers; que partout votre cause, ou même la cause royale, est maintenant confondue avec celle de ces jésuites, fanatiques insensés, ou ambitieux hypocrites, que l'on a tous en horreur! Les préventions sont aveugles, dites-vous! Non, puisque les Franchet, les Delavau reviennent au pouvoir. Qu'importe d'ailleurs que les haines soient injustes, si elles sont générales, si elles ont pénétré jusque dans l'ame de vos défenseurs? Quel dévoûment pouvez-vous en attendre? et désormais quel homme de sens vous soutiendra encore? Avez-vous pris à tâche de rendre honteux de leur confiance les bons citoyens qui, vous croyant enfin réveillés par le cri public, et éclairés par l'expérience, se sont exposés, en votre faveur, aux improbations du peuple?

Ils ne se repentent point cependant : non, non, ils ne se repentent point; ce qu'ils ont dit, ce qu'ils ont écrit, dans les mêmes circonstances ils le diraient, ils l'écriraient encore. Aujourd'hui sans doute ils savent qu'un Roi honnête homme, mais incapable, peut avoir le malheur d'être subjugué par quelques fanatiques d'un entêtement stupide et d'une ignorance prodigieuse; mais les prodiges ne se supposent pas, et les commotions épouvantent. Tant d'hommes massacrés ! tant de familles mutilées! tant d'existences déplacées, bouleversées! Qu'ils étaient honorables les efforts de ceux qui voulaient prévenir tant de malheurs, qui disaient aux puissants : Respectez les besoins généraux, les idées établies; qui disaient au peuple : Eh! laissez-donc aux vieilles habitudes le temps de s'éteindre, aux vieux regrets le temps de s'effacer, au vieux tronçon de jésuitisme le temps de mourir; c'est tout ce qui reste de l'arbre antique; encore quelques jours, et ses vestiges même auront disparu; est-ce la peine de le faire déraciner par la foudre!

Elle a frappé. Leçon terrible pour tous les Gouvernemens du globe; ils en profiteront sans doute. Par la loi du balancement universel, les idées dogmatiques qui, à leur naissance, ont suscité le plus de fanatisme pour les fonder ou les propager, suscitent, vers l'époque de leur chute, un égal fanatisme, mais en sens opposé; c'est alors un fanatisme d'aversion et de colère. Or, il n'est point de lutte possible contre un genre quelconque de fanatisme : toute la sagesse consiste à ne point l'affronter, et à laisser disparaître tacitement l'objet qui l'excite.

Maintenant que la crise est terminée, et qu'il ne dépend plus de nous d'en empêcher les ravages, demandons-nous dans quelle situation elle laisse le peuple français, et quel avenir elle lui prépare.

Pour répondre à cette question, rentrons quelques momens dans l'une des pensées fondamentales de cet écrit.

Le Peuple français est parvenu à l'âge mur; il s'avance même dans la période de cet âge; sa révolution récente, celle qui vient de s'accomplir en trois jours, le démontre avec évidence. L'homme qui s'avance dans l'âge mur est encore très-susceptible d'irritation; si l'on choque les vues de sa raison, si l'on veut opprimer son intelligence, il s'emporte, s'exaspère, et comme il est encore doué d'une force puissante, sa colère éclate, renverse, écrase, mais aussitôt s'apaise, et il se hâte de rentrer dans le repos.

Il en a été ainsi de la scène effrayante qui a commencé le 26 juillet, et qui, le 29, était déjà terminée. Là, point de cette haine profonde, invétérée, qui a caractérisé les véritables guerres civiles, qui a toujours rendu le vainqueur atroce, qui a fondé, dans l'ame des vaincus, un ressentiment que le temps ne pouvait éteindre, que la vengeance même ne pouvait assouvir. Pendant le quinzième et le seizième siècles, les passions furibondes se transmettaient dans les familles comme un héritage d'honneur et de devoir; le meurtrier n'était point désarmé par la mort de sa victime; il la mutilait d'une main barbare, et Charles IX goùtait avec la sensualité de la rage l'odeur du cadavre de Coligni.

De nos jours, au contraire, le soldat de Charles X qui tombait sous les coups du Parisien était relevé, ménagé ; le même homme qui venait de lui faire une blessure profonde, et s'était exposé à recevoir la mort de sa main, le portait dans sa maison, le confiait à sa famille, ordonnait qu'il fût pansé, consolé, et cependant, l'ame bouillante de courage, revenait au combat.

Sans doute le calme et la générosité dans la victoire ont beaucoup tenu à ce que la victoire a été bientôt remportée. S'il y avait eu, comme pendant les premières années de la révolution, croisade sacerdotale, acharnement féodal, menaces de l'étranger, la fureur populaire se serait soutenue, exaspérée, et l'on aurait vu se relever l'horrible puissance de la terreur.

Suivez de nos jours les tumultes de l'Espagne et ceux du Portugal ; là encore des atrocités sombres, des vengeances implacables, parce que là encore il y a des Moines et des Seigneurs.

Mais en France, par la cause même que j'indique, par l'influence de notre âge de raison, de notre âge de maturité, il ne peut plus se trouver parmi nous que très-peu de Prêtres fanatiques, encore moins de nobles orgueilleux. Je doute que dans la vendée même il existe aujourd'hui un seul homme prêt à se dévouer pour les intérêts du blason ou de la catholicité.

Plusieurs choses encore très-remarquables nous sont révélées par notre révolution dernière. Chez un peuple arrivé à l'âge de maturité, l'intelligence est si développée, que, lorsqu'il survient une forte crise, intéressant un grand nombre d'hommes, le concert s'établit entre eux avec la rapidité de l'éclair. Ce qu'il y a de mieux à faire est à l'instant vu par tout le monde, et l'activité d'exécution égale la promptitude de détermination. Le courage alors est aussi une sorte d'électricité universelle. On a vu des enfants de quinze ans, qui jamais n'avaient entendu d'autre canon que celui des fêtes publiques, aller au-devant des feux de mousqueterie, d'artillerie, se jeter en croupe sur les chevaux des gendarmes, les tuer, les renverser, les remplacer.

Et chaque élève de l'École polytechnique, jusque-là étranger aux mouvemens politiques et aux combats, mais très-avancé en raison et en lumières, n'a-t-il pas montré subitement le dévouement du citoyen, la bravoure du soldat, le génie du capitaine? En ce moment, dans cette École, il y a peut-être vingt jeunes gens, n'ayant besoin que d'une guerre civile ou étrangère pour manifester la force, la capacité de Napoléon, imiter son audace, éviter ses fautes, s'avancer comme lui, s'arrêter mieux que lui !... Et que l'Europe y réfléchisse; le Peuple de Paris vient aussi de montrer que la maturité de l'âge social est parfaitement compatible, non sans doute avec la persévérance d'irritation, mais avec cette fougue d'énergie martiale, qui, en peu de jours, forme une armée, l'organise, la précipite au combat, lui donne la victoire. Est-il aujourd'hui bien des trônes qui pussent résister à un tel choc, à une telle impétuosité?

Seconde observation également frappante:

Chez un peuple arrivé à l'âge de maturité, la Police n'a presque plus rien à faire. J'entends par la Police cette force secrète, multipliée, disséminée, qui est chargée de maintenir la sécurité domestique en surveillant les voleurs.

A Paris, pendant trois jours d'ouragan politique, cette force a été anéantie; et il n'y a eu, nulle part, irruption du foyer domestique; nulle femme n'a été insultée; en aucun point pillage, orgie populacière; que d'hommes cependant, et parmi les plus fougueux, appartenaient aux classes inférieures de la société !

En ce moment (23 août), après un mois d'intervalle, l'ancienne police est loin encore d'être rétablie; et la sécurité du citoyen est entière; et il nous semble que, pendant la nuit même, nous pourrions laisser ouvertes les portes de nos maisons.

Allez encore en Espagne , en Portugal; là vous verrez, à toutes les maisons, doubles portes et barricades ; là on craint sans cesse, et de nuit et de jour, l'invasion des voleurs. C'est que, dans un État arriéré en civilisation, les dispositions au vol et au pillage naissent bien moins des excitations de l'indigence que des vices de l'éducation. Retenez des enfans, des adolescens, sous le joug des privations, de l'austérité, de la contrainte, vous condenserez dans leur ame des germes de cupidité et de licence ; leur imagination enveloppera d'attraits exagérés tous les biens , tous les plaisirs, que vous leur refuserez ; parvenus à l'âge d'homme, ils ne s'occuperont que de les dérober par force ou par adresse ; aussi votre malheureux système d'éducation sombre et tyrannique, ne fera pas seulement des voleurs audacieux et des monstres de débauche, mais encore des tartufes, des filoux et des menteurs.

Au contraire , laissez à vos enfans toute la liberté d'expansion que sollicite le développement de leurs corps et de leurs idées ; que leur âge soit, comme le veut la nature, celui de la gaieté, de l'irréflexion, de l'insouciance , et vous préparerez des hommes pleins de calme et de candeur.

C'est là que nous arrivons par les progrès de nos

mœurs sociales. Si les Dieux s'en vont, comme on l'a dit, il est aussi, par compensation, deux démons qui se retirent : ce sont la passion et l'hypocrisie. En politique comme en amour, nous n'aurons plus ni ruse, ni ardeur, ni constance. En ambition même, je veux dire en désir de briller, de dominer, peu d'hommes montreront de la chaleur, de la persévérance. Le désir des simples richesses aura seul quelque opiniâtreté, quelque ardeur.

Cet attiédissement général répond à bien des craintes. Notre révolution dernière a arraché les dernières racines de l'esprit jeune, exalté, poétique, perturbateur.

Quoi! direz-vous : Charles X plaidait, conspirait, pour nous faire remonter vers l'âge de jeunesse! Mais c'était un bienfaiteur! il faut le rappeler!

Non, il faut le laisser, l'oublier, respecter son malheur ; mais son temps est fini : avec sa Dynastie doivent s'éteindre toutes les tentatives en faveur de l'impossible. Un peuple, *ci-devant jeune homme,* serait, comme celui du théâtre, malheureux et ridicule : il s'épuiserait en efforts pour ressaisir les facultés qu'il regrette, et il renoncerait aux facultés de son âge, à la raison, au bon sens, aux lumières. Voyez les poètes romantiques.

Dans les corps politiques, comme dans celui de

l'individu, comme dans l'atmosphère, les révolutions se font ; on ne les fait pas : les crises d'âge, de saison, de tempérament, les déterminent.. Ce ne sont ni les peuples ni les rois qui, par eux-mêmes, possèdent la souveraineté, le pouvoir constituant, la dictature : c'est la Loi du balancement réciproque ; c'est la Loi d'harmonie qui préside à la succession et à l'équilibre de tous les mouvements. Dans aucun point de l'univers, cette Loi n'est jamais suspendue ; mais, nous l'avons dit, chez les peuples sagement conduits, elle s'exécute, comme chez les hommes sages, par voie de concessions successives, faites au progrès de l'âge et du tempérament ; chez les peuples gouvernés sous l'influence d'habitudes enracinées et de dogmes consacrés, elle s'exécute par secousses violentes, d'un caractère désastreux, d'un résultat brusque et définitif. Le peuple de Paris a été l'agent impétueux de ce mode terrible, lorsqu'il a ôté la couronne de dessus la tête de Charles X pour la poser sur la tête de Louis Philippe. Charles X n'était plus que l'homme d'un âge terminé : de très-bonne foi, il pensait et voulait comme les hommes en très-petit nombre qui appartiennent encore à cet âge. Louis Philippe est l'homme de l'âge actuel ; il veut et pense comme la très-grande majorité des Français, surtout de ceux qui ont des lumières. Ajoutons qu'après les trois journées de juillet, on voyait à Paris, et il se serait formé subitement en France, assez d'élémens de troubles, assez de causes d'anarchie, pour qu'il fût très-pressant, pour nous tous, de trouver, auprès de nous, un point de ralliement et de concorde, un homme dont l'opinion publique fît, en ce moment, la personne de l'ordre en même temps que de la liberté.

C'est donc à tous les titres légitimes que Louis-Philippe a reçu de nous, et sans la demander, la couronne de France : c'est au nom de la loi souveraine, nécessaire, éternelle, que le Peuple de Paris l'a nommé Roi, le 9 août, à trois heures, lorsqu'il revenait du palais des Chambres. J'ai vu ce peuple constituant; j'en faisais partie, environné de mes enfants; j'ai mêlé, de plein gré et de toute mon ame, mes acclamations aux acclamations générales. Il est incontestable que la presque totalité des Français, si elle avait pu être rassemblée sur le passage de Louis-Philippe, aurait prononcé le même genre de suffrage. Rien ne serait donc plus superflu que de convoquer le Champ de Mai ou les assemblées primaires.

Il est impossible que jamais une Révolution se fasse en conformité des lois, des habitudes, des formes établies, puisque toute Révolution n'arrive que par le besoin accumulé, par le besoin devenu nécessité, de changer les formes, les habitudes et les lois. Ainsi la Chambre des députés, en se nommant elle-même, le 3o juillet, Pouvoir constituant, Pouvoir dictatorial, en réformant la Charte de 1814, en détrônant le Prince que cette Charte même rendait inviolable et irresponsable, en élevant, par initiative, le trône de Louis-Philippe, a fait un acte de nécessité, un acte ayant pour lui la force légale, non ordinaire, mais extraordinaire.

Pour la même raison, comme la crise imminente ne datait point à beaucoup près du 25 juillet, comme antérieurement à cette journée, et depuis plus d'un an, depuis les épreuves faites par M. de Martignac, la réforme de la Charte, ou du moins de la Loi électorale, était devenue une nécessité impérieuse, et que l'une au moins des deux chambres repoussait toute idée d'y concourir, Charles X se trouvait dans la situation politique qui confère la Dictature, qui l'exige; il devait la prendre, l'exercer, mais pour étendre la liberté politique, et non pour la restreindre; pour gagner le peuple, et non pour le choquer; pour édifier et non pour détruire; pour mettre fin à l'influence des événements de 1814, et non pour recommencer cette influence, en un mot pour consommer la Révolution, et non pour lui résister. A la vérité, alors, il aurait fallu que Charles X cessât lui-même d'être l'homme de 1814, changeât de pensées, d'habitudes, de caractère : c'était vivement désirable et aujourd'hui seulement nous savons que c'était absolument impossible. Ne blâmons personne de l'avoir quelque fois espéré. On citait les Stuarts ; ce n'était pas une loi, ce n'était qu'un exemple.

Dernière question. La constitution nouvelle , proposée à Louis-Philippe, et acceptée par ce Prince, est-elle bonne , bien conçue , d'une régularité parfaite ? Fonde-t-elle avec stabilité la véritable Monarchie représentative ? Non sans doute, et cela ne pouvait être ; toute Constitution politique se rédige nécessairement sous l'influence des événements et de la situation qui ont rendu cet acte nécessaire. En 1814, la force répressive, la force de conservation était devenue dominante: La Charte de Louis XVIII devait être empreinte de cette prépondérance. En 1830, c'est l'esprit de progrès qui a secoué la prépondérance antérieure de l'esprit de conservation, et a pris à son tour l'attitude de la victoire. La constitution de 1830 n'a pu être rédigée que trop favorablement à l'esprit de progrès ; la théorie le démontre, et déjà l'expérience confime la théorie. En ce moment, l'inquiétude paralyse tous les genres de spéculations; les effets de commerce restent en portefeuille; l'argent se cache, le crédit se traîne; aujourdhui même (24 août) il a éprouvé une chute violente. Or le crédit n'est jamais qu'une sorte de machine à instinct, qui opère en développement ou en retraite, selon que l'opinion publique croit, ou ne croit pas, à la stabilité du Gouvernement. Il y a donc déjà, dans le mécanisme politique, une infirmité radicale, affectant surtout le Pouvoir duquel émane spécialement la sécurité, et contre laquelle réclame avec instance ce qu'il y a de plus positif, de plus constant, de plus digne d'égards dans l'économie sociale : la masse générale des *affaires* et des intérêts.

Si une telle situation ne donne que de l'anxiété, et n'inspire point de vives et pressantes alarmes, si même on est en droit d'espérer qu'elle s'adoucira graduellement, et que le crédit public se relevera avant l'époque où le pouvoir monarchique aura reçu tous les appuis constitutionnels qui lui sont nécessaires, cela vient de ce que le Roi actuel, Louis-Philippe, possède une force personnelle de grande étendue, de grande puissance, la force morale, la force d'opinion, la force d'affection et de confiance.

Dans une Monarchie absolue, le retour rapide du crédit, du travail, de la paix publique, n'aurait pas besoin de davantage.

Mais dans une Monarchie représentative, qui a pour un de ses élémens la démocratie, cette force morale ne suffit pas pour fonder pleinement la sécurité intérieure, et pour rassurer les peuples environnans. Dans une Monarchie représentative, il faut que le Roi puisse, sans danger pour l'État, être soumis aux affaissemens de la vieillesse, être exposé à tous les accidens de l'humanité; il faut, en principe, que ce soit la Royauté, et non le Roi, qui gouverne ; il faut, par conséquent, que la Royauté soit constitutionnellement puissante. La nôtre ne l'est pas. C'est ce que déjà l'on éprouve ; c'est ce que l'on éprouvera chaque jour davantage.

Il sera donc nécessaire de modifier, dans le sens monarchique ou conservateur, le régime social institué par notre révolution dernière. Mais cette nécessité n'exposera point à des commotions, ne ramènera point un état de crise, parce que, de la part d'aucune corporation, d'aucun pouvoir, d'aucun homme, il n'y aura résistance dogmatique, résistance opiniâtre à l'amélioration. Voilà encore l'un des caractères de l'âge raisonnable. L'homme de bon sens ne s'entête point, comme l'homme sans lumières, à conserver dans son régime une habitude dont il souffre, ou un aliment qui ne convient plus à son âge, à son tempérament.

Ainsi, dans un avenir, peut-être assez prochain, la Constitution de 1830 recevra, en quelques points, des modifications, mais faites à l'amiable, et d'après les vœux de l'opinion. Celle-ci désormais sera toujours claire dans son expression, parce qu'elle sera toujours libre dans son développement ; elle appellera et finira par obtenir la *Représentation intégrale, monarchiquement organisée*, parce que la liberté même de discussion générale conduira tous les bons esprits à reconnaître que, pour une société humaine parvenue à l'âge de maturité, qui ne veut plus de la République, forme politique convenable aux peuples dans l'âge de jeunesse, qui ne peut vouloir encore de la Monarchie absolue, forme politique convenable aux peuples très-âgés, il n'est que la Monarchie constitutionnelle, avec représentation intégrale, qui puisse mettre en action et en équilibre toutes les forces sociales, et répondre ainsi aux deux besoins de l'âge mûr : liberté et sécurité.

Les journaux seront désormais le théâtre principal des discussions publiques. Le temps viendra où leur polémique ne sera plus âcre, passionnée; où, n'ayant plus à combattre de dogmes surannés, n'étant plus exposés, par leur résistance, à s'exalter, à s'irriter, à oublier les ménagemens que l'on doit à la vieillesse, ils discuteront sagement, franchement, les lois et les principes. Les écrivains exagérés par caractère, ou par spéculation, seront abandonnés.

Et les écrivains conciliateurs, que tant de préventions ont poursuivis, obtiendront justice.

Dans l'ensemble de la société les sentiments seront justes, parce que les idées seront saines et raisonnables.

Voilà notre avenir moral et politique. En dédommagement des avantages précieux, des dispositions enflammées, brillantes, poétiques, mais inégales, turbulentes, qui caractérisent l'âge de jeunesse, il présente encore assez d'avantages paisibles, assez de biens soutenus et positifs, pour nous satisfaire.

Mais ajoutons, maintenant, que l'avenir n'est pas encore le présent; et nous, qui nous sommes promis d'être justes et sincères, reconnaissons que le présent n'est pas, pour l'ensemble du Peuple Français, un état de satisfaction et de douceur. Tant d'hommes et de familles, dont la situation était heureuse, fixée en apparence, et qui ont passé brusquement du bien être à l'indigence, de la sécurité à l'inquiétude ! Tant de capitalistes, de commerçans, de manufacturiers, d'une activité honorable, d'un crédit qui paraissait assuré, et qui sont tombés, en trois jours, dans les embarras les plus désolans ! Tant d'ouvriers qui travaillaient avec suite, avec ardeur, et qui restent, en ce moment, sans pain et sans ouvrage !

Ah! tout orage dévaste le sol sur lequel il se précipite. C'est pour cela que les hommes sages en politique, les véritables hommes d'État, prévien-

nent, de tous leurs efforts, les dispositions orageu-
ses; et, pour les peuples comme pour l'atmosphère,
ces dispositions ne sont prévenues, ou du moins les
dangers dont elles menacent l'homme ne sont
écartés, que par des paratonnerres, je veux dire
par des corps conducteurs d'électricité active, et
placés de manière à être les intermédiaires conti-
nus entre les couches terrestres et les sommités
atmosphériques. C'est ce qui rend si utile une
bonne constitution représentative ; mais il faut
qu'elle soit bonne , ce qui veut dire complète et
sans lacunes; insistons sur ces deux conditions: *complète* et *sans lacunes;* l'unité de la nature démontre
combien elles sont importantes; tout paratonnerre
qui ne communique pas immédiatement et large-
ment avec le sol , tout paratonnerre à la chaîne
duquel il manque un seul anneau , bien loin de
préserver de la foudre l'édifice qui le porte , l'attire
et l'accumule sur cet édifice. La Loi électorale
de 1817 était ce fatal excitateur de la foudre sociale. Loin de s'étendre jusques au sol, et de s'y
enfoncer par ses racines , cette Loi s'arrêtait à
l'étage moyen de l'édifice ; elle y entassait la ma-
tière fulminante ; c'est de là que s'est faite , en tout
sens , une impétueuse explosion.

Nous accusons Charles **X**, la Cour. les Prêtres ;
ils formaient en réalité, au-dessus de nos têtes ,
la nuée incondescente ; mais sous nos pieds aussi

le sol n'était-il pas embrâsé? et, au lieu d'établir un courant double et croisé qui aurait soulagé le sol et la nuée, on avait isolé l'un de l'autre! l'équilibre ne pouvait donc s'établir que par irruption et avec fracas; la part des hommes a été là peu de chose : placez, en 1814, Louis-Philippe sur le trône, imposez-lui la Loi électorale de 1817, condamnez-le à respecter cette Loi, et vous arriverez, plutôt ou plus tard, à une catastrophe, sinon semblable à celle de 1830, du moins aussi désastreuse.

Législateurs de l'époque actuelle, écoutez donc le Principe de toute harmonie, de tout équilibre. Il vous dit : lorsque, chez un peuple quelconque, vous essaierez de donner des limites à mes applications, vous ne ferez jamais qu'une vaine imprudence. Je mets en poussière et je secoue toutes les barrières que l'on veut m'opposer; mais je distingue les âges. Chez un Peuple dans l'âge mur, je puis sans doute m'accommoder quelque temps d'un Despote, parce qu'un Despote, un Napoléon, par exemple, peut avoir une raison étendue, une volonté ferme, et l'intention, au début de son règne du moins, de seconder également l'esprit de progrès ou de *liberté*, et l'esprit *d'ordre* ou de conservation. Mais tout Despote s'altère par l'habitude d'un Pouvoir sans contrôle; c'est la Monarchie représentative qui, seule, ne s'altère pas, quand elle est vraie , quand elle admet toute la population civique et domiciliée à l'action politique fondamentale. S'il en est autrement , si la représentation populaire est partielle, par conséquent fausse, il y a , dans l'ensemble de l'État, tantôt beaucoup plus de liberté que d'ordre , tantôt beaucoup plus d'ordre que de liberté : il y a par conséquent , en attendant les secousses , inquiétude, agitation , instabilité.

On ne se rendra peut-être pas encore à ces hautes leçons du principe invariable ; on fera encore des essais sous le titre de modifications ; elles tomberont ; mais, je suis heureux de le penser, elles tomberont sans secousses, sans tumulte. Je l'ai dit : l'âge actuel du Peuple Français, celui auquel il vient d'être définitivement conduit par sa révolution dernière, est celui où le concert des esprits ne peut manquer de naître de la liberté des discussions, et où toutes les améliorations desirables naîtront du concert des esprits. Ce qui arrive surtout aujourd'hui, c'est la Vérité positive, la Vérité de raison et d'expérience, la Vérité qui embrasse par un lien commun tout les Faits, tous les Êtres, tous leurs rapports.

C'est la VÉRITÉ UNIVERSELLE.

Par son influence douce et rapide s'établira sur la Terre l'unité d'opinion, et, par cette unité , la fraternité de tous les peuples. On en viendra partout à penser comme le Peuple Français : on prendra sa raison pour guide, ses lumières pour flambeau, son gouvernement pour modèle.

C'est à ce genre de gloire, à ce genre de conquête, que le règne de Louis-Philippe est destiné.

PLAIDOYER.

Au terme de cet écrit, et le jour (28 août), où j'apprends que les ministres de Charles X sont entrés à Vincennes, je crois devoir présenter les considérations suivantes à la raison, ou plutôt à la conscience des hommes justes et sincères.

Les peuples jeunes, passionnés, inexpérimentés, confient leur direction sociale à des chefs politiques, comme les hommes peu réfléchis, peu éclairés, d'une imagination vive, d'un caractère faible, confient la direction de leur régime à des médecins.

Sitôt qu'un homme a de la raison, de la force d'ame, et des lumières, il est son médecin lui-même.

Sitôt qu'un peuple est devenu judicieux et calme, il règle sainement, lui-même, son régime par l'autorité libre de son expérience et de ses réflexions.

Avant l'époque où la société entière est assez éclairée pour que chaque homme de bon sens puisse régler lui-même son régime, en santé et en maladie, la plupart des hommes qui exercent la profession de médecin ne sauraient être plus éclairés que leur siècle. Encore dans l'erreur, comme presque tout le monde, sur bien des points importants de l'économie vitale, ils sont exposés à rendre plus malades, à tuer même les malades qui se livrent à leurs soins. Ces médecins font ainsi beaucoup de mal sans cependant être coupables.

Avant l'époque où un peuple a acquis assez d'expérience et de lumières pour connaître et régler lui-même le régime social qui lui convient, la plupart des hommes chargés de sa direction ne sauraient être plus avancés que lui en raison et en expérience; encore dans l'erreur, comme presque tout le monde, sur des points importans de l'économie politique, ils sont exposés, lorsqu'elle est troublée, à la bouleverser, à la rendre intolérable. Leurs fautes ont des conséquences fatales; et cependant ces fautes ne sont pas des crimes.

La catastrophe dont nous gémissons a été amenée par deux fautes immenses : la concentration du droit électoral dans la région moyenne du corps politique, et la résurrection des jésuites. Chacune de ces deux fautes a été commise de très bonne foi, et avec d'excellentes intentions, la première par Louis XVIII, la seconde par son frère ; ni l'un ni l'autre de ces deux Monarques ne furent coupables; aucun de leurs ministres ne fut criminel. Par les effets nécessaires de la loi électorale, combinés postérieurement avec les effets nécessaires de la résurrection des jésuites, le Peuple Français était arrivé à un état de maladie très violente, très compliquée. Punir aujourd'hui qui que ce soit de s'être trompé, même à l'excès, dans le choix et l'application du remède, invoquer contre lui les rigueurs d'un tribunal, ce serait donner à toute famille qui a perdu un de ses membres par la faute de la médecine, le droit de traduire le médecin devant la cour d'assises ; retirer à ce médecin toute confiance, c'est tout ce que la justice permet.

Indulgence politique. Par elle seule les révolutions se terminent. Elle est d'ailleurs si bien dans le caractère français ! Déjà, pour notre langue, le mot *vengeance* est devenu si dur, si barbare ! Ce n'est qu'un mot antique ; nous ne sommes plus Gaulois.

Et, par un oubli généreux, ne craignez pas de fonder un précédent funeste. Tout va changer ; n'avons-nous pas dit que la Vérité arrive ! Le temps approche où elle aura rendu si claire, si simple, si positive, la Science générale des Êtres vivans, soit peuples, soit individus, que nulle faute grave ne pourra plus être commise, en législation ni en politique, en médecine, ni en éducation.

Tel sera le fruit le plus important, le plus salutaire, le plus pacifique, de cette connaissance précise de l'ORDRE UNIVERSEL, à laquelle l'Esprit humain est destiné, que la France possédera la première, qu'elle présentera à tous les peuples contemporains, qu'elle transmettra à tous les peuples à venir.

Que, dès aujourd'hui, la France règne par la douceur de ses mœurs; elle rendra plus facile le règne de ses lumières,